सूर्य का स्वागत

सूर्य का स्वागत

दुष्यन्त कुमार

वाणी प्रकाशन

प्रकाशन के उत्कृष्टतम 61 वर्ष

vaniprakashan.com

पेपरबैक पहला संस्करण : 2005
पेपरबैक दूसरा संस्करण : 2006
पेपरबैक तीसरा संस्करण : 2013
पेपरबैक चौथा संस्करण : 2019
पेपरबैक पाँचवाँ संस्करण : 2024

वाणी प्रकाशन

4695, 21-ए, दरियागंज, नयी दिल्ली-110 002

फ़ोन : + 91 11 23273167, 23275710

शाखाएँ

अशोक राजपथ, पटना-800 004, बिहार

कॉफ़ी हाउस कैम्पस, महात्मा गांधी मार्ग, प्रयागराज-211 001, उत्तर प्रदेश

महात्मा गांधी अन्तरराष्ट्रीय हिन्दी विश्वविद्यालय, वर्धा-442 001, महाराष्ट्र

sales@vaniprakashan.in
vaniprakashan@gmail.com

Surya Ka Swagat
by Dushyant Kumar

ISBN : 978-81-8143-247-6
Poetry Collection

मूल्य : ₹ 100

आर. टेक ऑफ़सेट, दिल्ली-110 093 में मुद्रित

वाणी प्रकाशन का लोगो मक़बूल फ़िदा हुसेन की कूची से

देशी को

अनुक्रम

मापदण्ड बदलो

मेरी प्रगति या अगति का
यह मापदण्ड बदलो तुम,
जुए के पत्ते सा
मैं अभी अनिश्चित हूँ।
मुझ पर हर ओर से चोटें पड़ रही हैं,
कोपलें उग रही हैं,
पत्तियाँ झड़ रही हैं,
मैं नया बनने के लिए खराद पर चढ़ रहा हूँ,
लड़ता हुआ
नयी राह गढ़ता हुआ आगे बढ़ रहा हूँ।

अगर इस लड़ाई में मेरी साँसें उखड़ गईं,
मेरे बाजू टूट गए,
मेरे चरणों में आँधियों के समूह ठहर गए,
मेरे अधरों पर तरंगाकुल संगीत जम गया,
या मेरे माथे पर शर्म की लकीरें खिंच गईं,
तो मुझे पराजित मत मानना,
समझना—
तब और भी बड़े पैमाने पर,
मेरे हृदय में असन्तोष उबल रहा होगा,
मेरी उम्मीदों के सैनिकों की पराजित पंक्तियाँ
एक बार और

शक्ति आज़माने को
धूल में खो जाने या कुछ हो जाने को
मचल रही होंगी।
एक और अवसर की प्रतीक्षा में
मन की क़न्दीलें जल रही होंगी।

ये जो चाँद से फफोले तलुओं में दीख रहे हैं
ये मुझको उकसाते हैं।
पिण्डलियों की उभरी हुई नसें
मुझ पर व्यंग्य करती हैं।
मुँह पर पड़ी हुई यौवन की झुर्रियाँ
क़सम देती हैं।
कुछ हो अब, तय है—
मुझको आशंकाओं पर क़ाबू पाना है,
पत्थरों के सीने में
प्रतिध्वनि जगाते हुए
परिचित उन राहों में एक बार
विजय-गीत गाते हुए जाना है—
जिनमें मैं हार चुका हूँ।

मेरी प्रगति या अगति का
यह मापदण्ड बदलो तुम
मैं अभी अनिश्चित हूँ।

कुण्ठा

मेरी कुण्ठा
रेशम के कीड़ों सी
ताने-बाने बुनती,
तड़फ तड़फकर
बाहर आने को सिर धुनती,
स्वर से
शब्दों से
भावों से
औ' वीणा से कहती-सुनती,
गर्भवती है
मेरी कुण्ठा—क्वारी कुन्ती !

बाहर आने दूँ
तो लोक-लाज मर्यादा
भीतर रहने दूँ
तो घुटन, सहन से ज्यादा,
मेरा यह व्यक्तित्व
सिमटने पर आमादा।

प्रसव-काल है !
सघन वेदना !
मन की चट्टानो कुछ खिसको

राह बना लूँ;
ओ स्वर-निर्झर बहो कि तुममें
गर्भवती अपनी कुण्ठा का कर्ण बहा लूँ,
मुझको इससे मोह नहीं है
इसे विदा दूँ।

यह कुण्ठा का पुत्र अभागी !
मंगल-नाशक !
इसे उठाकर जो भी पालेगा
इसके हित कष्ट सहेगा
बुरा करेगा
द्रोही ! घातक !!

प्राप्य-सत्य के लिए
महाभारत सा जब जब युद्ध छिड़ेगा,
यह कुण्ठा का पुत्र हमेशा
कौरव-दल की ओर रहेगा,
और लड़ेगा।

एक स्थिति

हर घर में क़ानाफ़ूसी औ' षड्यन्त्र,
हर महफ़िल के स्वर में विद्रोही मन्त्र,
क्या नारी क्या नर
क्या भू क्या अम्बर
माँग रहे हैं जीने का वरदान,
सब बच्चे, सब निर्बल, सब बलवान,
सब जीवन सब प्राण,
सुबह दोपहर शाम।
'अब क्या होगा राम ?'

कुछ नहीं समझ में आते ऐसे राज़,
जिसके देखो अनजाने हैं अन्दाज़,
दहक रहे हैं छन्द,
बारूदों की गन्ध
अँगड़ाती सी उठती है हर द्वार,
टूट रही हथकड़ियों की झंकार
आती बारम्बार,
जैसे सारे कारागारों का कर काम तमाम।
'अब क्या होगा राम ?'

पराङ्मुखी प्रिया से

ओ पराङ्मुखी प्रिया !
कोरे काग़ज़ों को रँगने बैठा हूँ
असत्य क्यों कहूँगा
तुमने कुछ जादू कर दिया।

खुद से लड़ते
खुद को तोड़ते हुए
दिन बीता करते हैं,
बदली हैं आकृतियाँ :
मेरे अस्तित्व की इकाई को
तुमने ही
एक से अनेक कर दिया !

उँगलियों में मोड़कर लपेटे हुए
कुन्तलों-से
मेरे विश्वासों की
रूपरेखा यही थी ?

रह रहकर
मन में उमड़ते हुए
वात्याचक्रों के बीच
एकाकी

जीर्ण-पीत पत्तों-से
नाचते-भटकते मेरे निश्चय
क्या ऐसे थे ?

ज्योतिषी के आगे
फैले हुए हाथ-सी
प्रश्न पर प्रश्न पूछती हुई–
मेरी ज़िन्दगी,
क्या यही थी ?

नहीं...
नहीं थी यह गति !
मेरे व्यक्तित्व की ऐसी अन्धी परिणति !!

शिलाखण्ड था मैं कभी,
ओ पराङ्मुखी प्रिया !
सच, इस समझौते ने बुरा किया,
बहुत बड़ा धक्का दिया है मुझे
कायर बनाया है।

फिर भी मैं क़िस्मत को
दोष नहीं देता हूँ,
घुलता हूँ ख़ुश होकर
चीखकर, उठाकर हाथ
आत्म-वंचना के इस दुर्ग पर खड़े होकर
तुमसे ही कहता हूँ–
मुझमें पूर्णत्व प्राप्त करती है
जीने की कला;
खण्ड-खण्ड होकर जिसने
जीवन-विष पिया नहीं,

सुखमय, सम्पन्न मर गया, जो जग में आकर
रिस-रिसकर जिया नहीं,
उसकी मौलिकता का दम्भ निरा मिथ्या है
निष्फल सारा कृतित्व
उसने कुछ किया नहीं।

अनुरक्ति

जब जब श्लथ मस्तक उठाऊँगा
इसी विह्वलता से गाऊँगा।

इस जन्म की सीमा-रेखा से लेकर
बाल-रवि के दूसरे उदय तक
हतप्रभ आँखों के इसी दायरे में खींच लाना
तुम्हें मैं बार-बार चाहूँगा !

सुख का होता होगा स्खलन
     दुख का नहीं,
अधर-पुष्प होते होंगे—
गन्ध-हीन, निष्प्रभाव, छूछे...खोखले...अश्रु नहीं;
गेय मेरा रहेगा यही गर्व;
युग-युगान्तरों तक मैं तो
इन्हीं शब्दों में कराहूँगा।

कैसे बतलाऊँ तुम्हें प्राण !
छूटा हूँ तुमसे तो क्या ?
बाण छोड़ा हुआ
भटका नहीं करता !
लगूँगा किसी तट तो—
कहीं तो कचोटूँगा !
ठहरूँगा जहाँ भी—प्रतिध्वनि जगाऊँगा।
तुम्हें मैं बार-बार चाहूँगा !

क़ैद परिन्दे का बयान

तुमको अचरज है—मैं जीवित हूँ !
उनको अचरज है—मैं जीवित हूँ !
मुझको अचरज है—मैं जीवित हूँ !

लेकिन मैं इसीलिए जीवित नहीं हूँ—
मुझे मृत्यु से दुराव था,
यह जीवन जीने का चाव था,
या कुछ मधु-स्मृतियाँ जीवन-मरण के हिंडोले पर
सन्तुलन साधे रहीं,
मिथ्या की कच्ची-सूती डोरियाँ
साँसों को जीवन से बाँधे रहीं;
    नहीं—
    नहीं !
    ऐसा नहीं !!

बल्कि मैं ज़िन्दा हूँ
क्योंकि मैं पिंजड़े में क़ैद वह परिन्दा हूँ—
जो कभी स्वतन्त्र रहा है
जिसको सत्य के अतिरिक्त, और कुछ दिखा नहीं,
तोते की तरह जिसने
तनिक खिड़की खुलते ही
आँखें बचा कर, भाग जाना सीखा नहीं;

अब मैं जियूँगा
और यों ही जियूँगा,
मुझमें प्रेरणा नयी या बल आए न आए,
शूलों की शय्या पर पड़ा पड़ा कसकूँ
एक पल को भी कल आए न आए,
नयी सूचना का मौर बाँधे हुए
चेतना ये, होकर सफल आए न आए,
पर मैं जियूँगा नयी फ़सल के लिए
कभी ये नयी फ़सल आए न आए :

हाँ ! जिस दिन पिंजड़े की
सलाखें मोड़ लूँगा मैं,
उस दिन सहर्ष
जीर्ण देह छोड़ दूँगा मैं !

धर्म

तेज़ी से एक दर्द
मन में जागा
मैंने पी लिया,
छोटी सी एक खुशी
अधरों में आई
मैंने उसको फैला दिया,
मुझको सन्तोष हुआ
और लगा—
हर छोटे को
बड़ा करना धर्म है।

ओ मेरी ज़िन्दगी

मैं जो अनवरत
तुम्हारा हाथ पकड़े
स्त्री-परायण पति सा
इस वन की पगडण्डियों पर
भूलता-भटकता आगे बढ़ता जा रहा हूँ,
सो इसलिए नहीं
कि मुझे दैवी चमत्कारों पर विश्वास है,
या तुम्हारे बिना मैं अपूर्ण हूँ,
बल्कि इसलिए कि मैं पुरुष हूँ
और तुम चाहे परम्परा से बँधी मेरी पत्नी न हो,
पर एक ऐसी शर्त ज़रूर है,
जो मुझे संस्कारों से प्राप्त हुई,
कि मैं तुम्हें छोड़ नहीं सकता।

पहले
जब पहला सपना टूटा था,
तब मेरे हाथ की पकड़
तुम्हें ढीली महसूस हुई होगी।
सच,
वही तुम्हारे बिलगाव का मुकाम हो सकता था।
पर उसके बाद तो
कुछ टूटने की इतनी आवाज़ें हुईं

कि आज तक उन्हें ही सुनता रहता हूँ।
आवाज़ें और कुछ नहीं सुनने देतीं !
तुम जो हर घड़ी की साथिन हो,
तुमसे झूठ क्या बोलूँ ?
ख़ुद तुम्हारा स्पन्दन अनुभव किए भी
मुझे अरसा गुज़र गया !
लेकिन तुम्हारे हाथों को हाथों में लिये
मैं उस समय तक चलूँगा
जब तक उँगलियाँ गलकर न गिर जाएँ।
तुम फिर भी अपनी हो,
वह फिर भी ग़ैर थी जो छूट गई;
और उसके सामने कभी मैं
यह प्रगट न होने दूँगा
कि मेरी उँगलियाँ दग़ाबाज़ हैं,
या मेरी पकड़ कमज़ोर है,
मैं चाहे कलम पकड़ूँ या कलाई।

मगर ओ मेरी ज़िन्दगी !
मुझे यह तो बता
तू मुझे क्यों निभा रही है?
मेरे साथ चलते हुए
क्या तुझे कभी ये अहसास होता है
कि तू अकेली नहीं?

मैं और मेरा दुःख

दुःख : किसी चिड़िया के अभी जन्मे बच्चे सा;
किन्तु सुख : तमंचे की गोली जैसा
मुझको लगा है।

आप ही बताएँ
कभी आपने चलती हुई गोली को चलते,
या अभी जन्मे बच्चे को उड़ते हुए देखा है?

शब्दों की पुकार

एक बार फिर
हारी हुई शब्द-सेना ने
मेरी कविता को आवाज़ लगाई–
''ओ माँ ! हमें सँवारो।

थके हुए हम
बिखरे-बिखरे क्षीण हो गए,
कई परत आ गईं धूल की,
धुँधला सा अस्तित्व पड़ गया,
संज्ञाएँ खो चुके...!

लेकिन फिर भी
अंश तुम्हारे ही हैं
तुमसे पृथक कहाँ हैं?
अलग-अलग अधरों में घुटते
अलग-अलग हम क्या हैं?
(कंकर, पत्थर, राजमार्ग पर !)
ठोकर खाते हुए जनों की
उम्र गुज़र जाएगी,
हसरत मर जाएगी यह–
'काश हम किसी नींव में काम आ सके होते,
हम पर भी उठ पाती बड़ी इमारत।'

ओ कविता माँ !
लो हमको अब
किसी गीत में गूँथो
नश्वरता के तट से पार उतारो
और उबारो—
एकरूप शृंखलाबद्ध कर
अकर्मण्यता के दलदल से।
आत्मसात् होने को तुममें
आतुर हैं हम
क्योंकि तुम्हीं वह नींव
इमारत की बुनियाद पड़ेगी जिस पर।

शब्द नामधारी
सारे के सारे युवक, प्रौढ़ औ' बालक,
एक तुम्हारे इंगित की कर रहे प्रतीक्षा,
चाहे जिधर मोड़ दो
कोई उज़्र नहीं है—
ऊँची-नीची राहों में
या उन गलियों में
जहाँ खुशी का गुज़र नहीं है—;
लेकिन मंज़िल तक पहुँचा दो, ओ कविता माँ !
किसी छन्द में बाँध
विजय का कवच पिन्हा दो, ओ कविता माँ !

धूल-धूसरित
हम कि तुम्हारे ही बालक हैं
हमें निहारो !
अंक बिठाओ,
पंक्ति सजाओ, ओ कविता माँ !''

एक बार फिर
मृत विश्वासों ने करवट ली,
सूने आँगन में कुछ स्वर शिशुओं से दौड़े,
जाग उठी चेतनता सोई;
होने लगे खड़े वे सारे आहत सपने
जिन्हें धरा पर बिछा गया था झोंका कोई !

दिग्विजय का अश्व

''—आह, ओ नादान बच्चो !
दिग्विजय का अश्व है यह,
गले में इसके बँधा है जो सुनहला-पत्र
मत खोलो,
छोड़ दो इसको।

बिना-समझे, बिना-बूझे, पकड़ लाए
मूँज की इन रस्सियों में बाँधकर
क्यों जकड़ लाए?
क्या करोगे?

धनुर्धारी, भीम औ' सहदेव
या खुद धर्मराज नकुल वगैरा
साज सेना
अभी अपने गाँव में आ जाएँगे,
महाभारत का बनेगा केन्द्र यह,
हाथियों से
और अश्वों के खुरों से,
धूल में मिल जाएँगे ये घर,
अनगिन लाल
ग्रास होंगे काल के,
मृत्यु ख़ामोशी बिछा देगी,

भरी-पूरी फ़सल सा यह गाँव
सब वीरान होगा।

आह ! इसका करोगे क्या?
छोड़ दो !
बाग इसकी किसी अनजानी दिशा में मोड़ दो।
क्या नहीं मालूम तुमको
आप ही भगवान उनके सारथी हैं?"

"—नहीं, बापू, नहीं !
इसे कैसे छोड़ दें हम?
इसे कैसे छोड़ सकते हैं !!
हम कि जो ढोते रहे हैं ज़िन्दगी का बोझ अब तक
पीठ पर इसकी चढ़ेंगे,
हवा खाएँगे,
गाड़ियों में इसे जोतेंगे,
लादकर बोरे उपज के
बेचने बाज़ार जाएँगे।

हम कि इसको नयी ताज़ी घास देंगे।
घूमने को हरा सब मैदान देंगे।
प्यार देंगे, मान देंगे;
हम कि इसको रोकने के लिए अपने प्राण देंगे।

अस्तबल में बँधा यह निर्वाक् प्राणी !
उस 'चमेली' गाय के बछड़े सरीखा
आज बन्धनहीन होकर
यहाँ कितना रम गया है !
यह कि जैसे यहीं जन्मा हो, पला हो।

आज हैं कटिबद्ध हम सब
फावड़े लाठी सँभाले।
कृष्ण, अर्जुन इधर आएँ
हम उन्हें आने न देंगे।
अश्व ले जाने न देंगे।"

मुक्तक

1

सँभल सँभल के' बहुत पाँव धर रहा हूँ मैं
पहाड़ी ढाल से जैसे उतर रहा हूँ मैं
क़दम क़दम पे' मुझे टोकता है दिल ऐसे
गुनाह कोई बड़ा जैसे कर रहा हूँ मैं।

2

तरस रहा है मन फूलों की नयी गन्ध पाने को
खिली धूप में, खुली हवा में, गाने-मुसकाने को
तुम अपने जिस तिमिरपाश में मुझको क़ैद किये हो
वह बन्धन ही उकसाता है बाहर आ जाने को।

3

गीत गाकर चेतना को वर दिया मैंने
आँसुओं से दर्द को आदर दिया मैंने
प्रीत मेरी आत्मा की भूख थी, सहकर
ज़िन्दगी का चित्र पूरा कर दिया मैंने।

4

जो कुछ भी दिया अनश्वर दिया मुझे
नीचे से ऊपर तक भर दिया मुझे
ये स्वर सकुचाते हैं लेकिन तुमने
अपने तक ही सीमित कर दिया मुझे।

दिन निकलने से पहले

''मनुष्यों जैसी
पक्षियों की चीखें और कराहें गूँज रही हैं,
टीन के कनस्तरों की बस्ती में
हृदय की शक्ल जैसी अँगीठियों से
धुआँ निकलने लगा है,
आटा पीसने की चक्कियाँ
जनता के सम्मिलित नारों की सी आवाज़ में
गड़गड़ाने लगी हैं,
सुनो प्यारे ! मेरा दिल बैठ रहा है।''

''अपने को सँभालो मित्र !
अभी ये कराहें और तीखी,
ये धुआँ और कड़ुआ,
ये गड़गड़ाहट और तेज़ होगी,
मगर इनसे भयभीत होने की ज़रूरत नहीं,
दिन निकलने से पहले ऐसा ही हुआ करता है।''

परिणति

आत्मसिद्ध थीं तुम कभी !
स्वयं में समोने को भविष्यत् के स्वप्न
नयनों से वेगवान सुषमा उमड़ती थी,
आश्वस्त अन्तस की प्रतिज्ञा की तरह
तन से स्निग्ध मांसलता फूटी पड़ती थी
जिसमें रस था :

पर अब तो
बच्चों ने जैसे
चाकू से खोद खोद कर
विकृत कर दिया हो किसी आम के तने को
गोंद पाने के लिए :

सपनों के उद्वेलन
बचपन के खेल बनकर रह गए;

शुष्क सरिता का अन्तहीन मरुस्थल !
स्थिर...नियत...पूर्वनिर्धारित सा जीवन-क्रम
तोष-असन्तोष-हीन,

शब्द गए
केवल अधर रह गए;

सुख-दुख की परिधि हुई सीमित
गीले-सूखे ईंधन तक,
अनुभूतियों का कर्मठ ओज बना
राँधना-खिलाना
यौवन के झनझनाते स्वरों की परिणति
लोरियाँ गुनगुनाना
(मुन्ने को चुपाने के लिए !)

किसी प्रेम-पत्र सदृश
आज वह भविष्यत् !
फ़र्श पर टुकड़ों में बिखरा पड़ा है
क्षत-विक्षत !

वासना का ज्वार

क्या भरोसा
लहर कब आए ?
किनारे डूब जाएँ ?
तोड़कर सारे नियन्त्रण
इस अगम गतिशील जल की धार–
कब डुबो दे क्षीण जर्जर यान ?
(मैं जिसे संयम बताता हूँ)

आह ! ये क्षण !
ये चढ़े तूफ़ान के क्षण !
क्षुद्र इस व्यक्तित्व को मथ डालने वाले
नए निर्माण के क्षण !
यही तो हैं–
मैं कि जिनमें
लुटा, खोया, खड़ा खाली हाथ रह जाता,
तुम्हारी ओर अपलक ताकता सा !

यह तुम्हारी सहज स्वाभाविक सरल मुस्कान !
क़ैद इसमें बिलबिलाते अनगिनत तूफ़ान
इसे रोको प्राण !...
अपना यान मुझको बहुत प्यारा है !
पर सदा तूफ़ान के सामने हारा है !

एक पत्र का अंश

मुझे लिखना
वह नदी जो बही थी इस ओर !
छिन्न करती चेतना की राख के स्तूप,
क्या अब भी वहीं है?
बह रही है ?
—या गई है सूख वह
पाकर समय की धूप ?

प्राण ! कौतूहल बड़ा है,
मुझे लिखना,
श्वाँस देकर खाद
परती कड़ी धरती चीर
वृक्ष जो हमने उगाया था नदी के तीर
क्या अब भी खड़ा है ?
—या बहाकर ले गई उसको नदी की धार
अपने साथ, परली पार ?

गीत तेरा

गीत तेरा मन कँपाता है।
शक्ति मेरी आज़माता है।

न गा यह गीत,
जैसे सर्प की आँखें
कि जिनका मौन सम्मोहन
सभी को बाँध लेता है,
कि तेरी तान जैसे एक जादू सी
मुझे बेहोश करती है,
कि तेरे शब्द
जिनमें हूबहू तस्वीर
मेरी ज़िन्दगी की ही उतरती है;
न गा यह ज़िन्दगी मेरी न गा,
प्राण का सूना भवन हर स्वर गुँजाता है,
न गा यह गीत मेरी लहरियों में ज्वार आता है।

हमारे बीच का व्यवधान कम लगने लगा
मैं सोचती अनजान तेरी रागिनी में
दर्द मेरे हृदय का जगने लगा;
भावना की मधुर स्वप्निल राह—
'इकली नहीं हूँ मैं आह !'
सोचती हूँ जब, तभी मन धीर खोता है,

कि कहती हूँ न जाने क्या
कि क्या कुछ अर्थ होता है,
न जाने दर्द इतना किस तरह मन झेल पाता है ?
न जाने किस तरह का गीत यौवन तड़फड़ाता है ?
न गा यह गीत मुझको दूर खींचे लिये जाता है।

गीत तेरा मन कँपाता है।
हृदय मेरा हार जाता है।

जभी तो

नफ़रत औ' भेद-भाव
केवल मनुष्यों तक सीमित नहीं रह गया है अब।
मैंने महसूस किया है
मेरे घर में ही
बिजली का सुन्दर औ' भड़कदार लट्टू–
कुरसी के टूटे हुए बेंत पर,
खस्ता तिपाई पर,
फटे हुए बिस्तर पर, छिन्न चारपाई पर,
कुम्हलाए बच्चों पर,
अधनंगी बीवी पर–
रोज़ व्यंग्य करता है,
जैसे वह कोई 'मिल-ओनर' हो।

जभी तो–मेरी नसों में यह ख़ून खौल उट्ठा है,
बंकिम हुई हैं भौंह,
मैंने कुछ तेज़ सा कहा है;
यों मुझे क्या पड़ी थी
जो अपनी क़लम को खड्ग बनाता मैं ?

मोम का घोड़ा

मैंने यह मोम का घोड़ा,
बड़े जतन से जोड़ा,
रक्त की बूँदों से पालकर
सपनों में ढालकर
बड़ा किया,
फिर इसमें प्यास और स्पन्दन
गायन और क्रन्दन
सब कुछ भर दिया,
औ' जब विश्वास हो गया पूरा
अपने सृजन पर,
तब इसे लाकर
आँगन में खड़ा किया !

माँ ने देखा—बिगड़ीं;
बाबूजी गरम हुए;
किन्तु समय गुज़रा...
फिर नरम हुए।
सोचा होगा—लड़का है,
ऐसे ही स्वाँग रचा करता है।

मुझे भरोसा था मेरा है;
मेरे काम आएगा।

बिगड़ी बनाएगा।
किन्तु यह घोड़ा !
कायर था थोड़ा
लोगों को देखकर बिदका, चौंका,
मैंने बड़ी मुश्किल से रोका।

और फिर हुआ यह
समय गुज़रा, वर्ष बीते,
सोच कर मन में—हारे या जीते,
मैंने यह मोम का घोड़ा,
तुम्हें बुलाने को
अग्नि की दिशाओं में छोड़ा।

किन्तु जैसे ये बढ़ा
इसकी पीठ पर पड़ा
        आकर
लपलपाती लपटों का कोड़ा,
तब पिघल गया घोड़ा
और मोम मेरे सब सपनों पर फैल गया !

यह क्यों

हर उभरी नस मलने का अभ्यास
रुक रुककर चलने का अभ्यास
छाया में थमने की आदत
    यह क्यों ?

जब देखो दिल में एक जलन
उल्टे उल्टे से चाल-चलन
सिर से पाँवों तक क्षत-विक्षत
    यह क्यों ?

जीवन के दर्शन पर दिन-रात
पण्डित विद्वानों जैसी बात
लेकिन मूर्खों जैसी हरकत
    यह क्यों ?

मन्त्र हूँ...

मन्त्र हूँ तुम्हारे अधरों में मैं !
एक बूँद आँसू में पढ़कर फेंको मुझको
ऊसर मैदानों पर
खेतों खलिहानों पर
काली चट्टानों पर...
मन्त्र हूँ तुम्हारे अधरों में मैं

आज अगर चुप हूँ
धूल भरी बाँसुरी सरीखा स्वरहीन, मौन;
तो मैं नहीं
तुम ही हो उत्तरदायी इसके।
तुमने ही मुझे कभी
ध्यान से निहारा नहीं,
छुआ या पुकारा नहीं,
छिद्रों में फूँक नहीं दी तुमने,
तुमने ही वर्षों से
अपनी पीड़ाओं को, क्रन्दन को,
मूक, भावहीन, बने रहने की स्वीकृति दी;
मुझको भी विवश किया
तुमने अभिव्यक्तिहीन होकर खुद !

लेकिन मैं अब भी गा सकता हूँ
अब भी यदि
होठों पर रख लो तुम
देकर मुझको अपनी आत्मा
सुख-दुख सहने दो,
मेरे स्वर को अपने भावों की सलिला में
अपनी कुण्ठाओं की धारा में बहने दो।

प्राणहीन है वैसे मेरा तन
तुमको ही पाकर पूर्णत्व प्राप्त करता है,
मुझको पहचानो तुम
पृथक नहीं सत्ता है !
—तुम ही हो जो मेरे माध्यम से
विविध रूप धरकर प्रतिफलित हुआ करते हो !

मुझको उच्चरित करो
चाहे जिन भावों में गढ़कर !
मन्त्र हूँ तुम्हारे अधरों में मैं,
फेंको मुझको एक बूँद आँसू में पढ़कर।

स्वप्न और परिस्थितियाँ

सिगरेट के बादलों का घेरा :
बीच में जिसके वह स्वप्न-चित्र मेरा—
जिसमें उग रहा सवेरा साँस लेता है,
छिन्न कर जाते हैं निर्मम हवाओं के झोंके;
आह : है कोई माई का लाल ?
जो इन्हें रोके,
सामने आकर सीना ठोंके।

अभिव्यक्ति का प्रश्न

प्रश्न अभिव्यक्ति का है,
मित्र !
किसी मर्मस्पर्शी शब्द से
या क्रिया से,
मेरे भावों, अभावों को भेदो
प्रेरणा दो !

यह जो नीला
ज़हरीला धुआँ भीतर से उठ रहा है,
यह जो जैसे मेरी आत्मा का गला घुट रहा है,
यह जो सद्य-जात शिशु सा
कुछ छटपटा रहा है,
यह क्या है ?
क्या है मित्र,
मेरे भीतर झाँककर देखो।
छेदो ! मर्यादा की इस लौह-चादर को,
मुझे ढँके बैठी जो,
उठने मुस्कराने नहीं देती,
दुनिया में आने नहीं देती।

मैं जो समुद्र-सा
सैकड़ों सीपियों-को छिपाए बैठा हूँ,

सैकड़ों लाल मोती खपाए बैठा हूँ,
कितना विवश हूँ !
मित्र, मेरे हृदय का यह मन्थन
यह सुरों और असुरों का द्वन्द्व
कब चुकेगा ?
कब जागेगी शंकर की गरल पान करने वाली करुणा ?
कब मुझे हक मिलेगा
इस मन्थन के फल को प्रगट करने का ?

मूक !
असहाय !!
अभिव्यक्ति हीन !!!
मैं जो कवि हूँ
भावों-अभावों के पाटों में पड़ा हुआ
एकाकी दाने-सा
कब तक जीता रहूँगा ?
कब तक कमरे के बाहर पड़े हुए गर्दख़ोरे-सा
जीवन का यह क्रम चलेगा ?
कब तक ज़िन्दगी की गर्द पीता रहूँगा ?

प्रश्न अभिव्यक्ति का है मित्र !
ऐसा करो कुछ
जो मेरे मन में कुलबुलाता है
बाहर आ जाए।
भीतर शान्ति छा जाए !

दीवार

दीवार, दरारें पड़ती जाती हैं इसमें
दीवार, दरारें बढ़ती जाती हैं इसमें
तुम कितना प्लास्टर औ' सीमेण्ट लगाओगे
कब तक इंजीनियरों की दवा पिलाओगे
गिरने वाला क्षण दो क्षण में गिर जाता है,
दीवार भला कब तक रह पाएगी रक्षित
यह पानी नभ से नहीं धरा से आता है।

आत्म-वर्जना

अब हम इस पथ पर कभी नहीं आएँगे।
तुम अपने घर के पीछे
जिन ऊँची ऊँची दीवारों के नीचे
मिलती थीं, उनके साए
अब तक मुझ पर मँडलाए,
अब कभी न मँडलाएँगे।

दुख ने झिझक खोल दी
वे बिनबोले अक्षर
जो मन की अभिलाषाओं को रूप न देकर
अधरों में ही घुट जाते थे
अब गूँजेंगे, कविता कहलाएँगे,
पर हम इस पथ पर कभी नहीं आएँगे।

दो पोज़

सद्यस्नात तुम
जब आती हो
मुख कुन्तलों से ढँका रहता है
बहुत बुरे लगते हैं वे क्षण जब
राहू से चाँद ग्रसा रहता है।

पर जब तुम
केश झटक देती हो अनायास
तारों सी बूँदें
बिखर जाती हैं आसपास
मुक्त हो जाता है चाँद
तब बहुत भला लगता है।

एक मनःस्थिति का चित्र

मानसरोवर की
गहराइयों में बैठे
हंसों ने पाँखें दीं खोल

शान्त, मूक अम्बर में
हलचल मच गई
गूँज उठे त्रस्त विविध-बोल

शीष टिका हाथों पर
आँख झपीं, शंका से
बोधहीन हृदय उठा डोल।

पुनःस्मरण

आह-सी धूल उड़ रही है आज
चाह-सा काफ़िला खड़ा है कहीं
और सामान सारा बेतरतीब
दर्द-सा बिन-बँधे पड़ा है कहीं
कष्ट-सा कुछ अटक गया होगा
मन-सा राहें भटक गया होगा
आज तारों तले बिचारे को
काटनी ही पड़ेगी सारी रात
× × ×
बात पर याद आ गई है बात

स्वप्न थे तेरे प्यार के सब खेल
स्वप्न की कुछ नहीं बिसात कहीं
मैं सुबह जो गया बग़ीचे में
बदहवास होके जो नसीम बही
पात पर एक बूँद थी, ढलकी,
आँख मेरी मगर नहीं छलकी
हाँ, बिदाई तमाम रात आई–
याद रह रह के' कँपकँपाया गात
× × ×
बात पर याद आ गई है बात

सूर्यास्त : एक इम्प्रेशन

सूरज जब
किरणों के बीज-रत्न
धरती के प्रांगण में
बोकर
हारा-थका
स्वेद-युक्त
रक्त-वदन
सिन्धु के किनारे
निज थकन मिटाने को
नए गीत पाने को
आया,
तब निर्मम उस सिन्धु ने डुबो दिया,
ऊपर से लहरों की अँधियाली चादर ली ढाँप
और शान्त हो रहा।

लज्जा से अरुण हुई
तरुण दिशाओं ने
आवरण हटाकर निहारा दृश्य निर्मम यह !
क्रोध से हिमालय के वंश-वर्त्तियों ने
मुख-लाल कुछ उठाया
फिर मौन सिर झुकाया
ज्यों—'क्या मतलब ?'

एक बार सहमी
ले कम्पन, रोमांच वायु
फिर गति से बही
जैसे कुछ नहीं हुआ !

मैं तटस्थ था, लेकिन
ईश्वर की शपथ !
सूरज के साथ
हृदय डूब गया मेरा।
अनगिन क्षणों तक
स्तब्ध खड़ा रहा वहीं
क्षुब्ध हृदय लिए।
औ' मैं स्वयं डूबने को था
स्वयं डूब जाता मैं
यदि मुझको विश्वास यह न होता—
'मैं कल फिर देखूँगा यही सूर्य
ज्योति-किरणों से भरा-पूरा
धरती के उर्वर-अनुर्वर प्रांगण को
जोतता-बोता हुआ,
हँसता, खुश होता हुआ।'

ईश्वर की शपथ !
इस अँधेरे में
उसी सूरज के दर्शन के लिए
जी रहा हूँ मैं
कल से अब तक !

सत्य

दूर तक फैली हुई है ज़िन्दगी की राह
ये नहीं तो और कोई वृक्ष देगा छाँह
गुलमुहर, इस साल खिल पाए नहीं तो क्या !
सत्य, यदि तुम मुझे मिल पाए नहीं तो क्या !

क्षमा

"आह !
मेरा पाप-प्यासा तन
किसी अनजान, अनचाहे, अकथ-से बन्धनों में
बँध गया चुपचाप।
मेरा प्यार पावन
हो गया कितना अपावन आज !
आह ! मन की ग्लानि का यह धूम्र
मेरी घुट रही आवाज़ !
कैसे पी सका
विष से भरे वे घूँट...?
जंगली फूल सी सुकुमार औ' निष्पाप
मेरी आत्मा पर बोझ बढ़ता जा रहा है प्राण !
मुझको त्राण दो...
दो...त्राण..."

और आगे कह सका कुछ भी न मैं
टूटे-सिसकते अश्रुभीगे बोल में
सब बह गए स्वर हिचकियों के साथ
औ' अधूरी रह गयी अपराध की वह बात
जो इक रात...।
बाक़ी रहे स्वप्न भी
मूक तलुओं में चिपककर रह गए।

और फिर
बाँहें उठीं दो बिजलियों सी
नर्म तलुओं से सटा मुख-नम
आया वक्ष पर उद्भ्रान्त;
हल्की सी 'टपऽटप' ध्वनि
सिसकियाँ
और फिर सब शान्त...
नीरव...शान्त...।

काग़ज़ की डोंगियाँ

यह समन्दर है।
यहाँ जल है बहुत गहरा।
यहाँ हर एक का दम फूल आता है।
यहाँ पर तैरने की चेष्टा भी व्यर्थ लगती है।

हम जो स्वयं को तैराक कहते हैं,
किनारों की परिधि से कब गए आगे ?
इसी इतिवृत्त में हम घूमते हैं,
चूमते हैं पर कभी क्या छोर तट का ?
(किन्तु यह तट और है)

समन्दर है कि अपने गीत गाए जा रहा है,
पर हमें फ़ुरसत कहाँ जो सुन सकें कुछ !
क्योंकि अपने स्वार्थ की
संकुचित सीमा में बँधे हम,
देख-सुन पाते नहीं हैं
और का दुख
और का सुख।

वस्तुतः हम हैं नहीं तैराक,
खुद को छल रहे हैं,
क्योंकि चारों ओर से तैराक रहता है सजग।

हम हैं नाव काग़ज़ की !
जिन्हें दो-चार क्षण उन्मत्त लहरों पर
मचलते देखते हैं सब,
हमें वह तट नहीं मिलता
(कि पाना चाहिए जो,)
न उसको खोजते हैं हम।
तनिक सा तैरकर
तैराक खुद को मान लेते हैं,
कि गलकर अन्ततोगत्वा
वहाँ उस ओर
मिलता है समन्दर से जहाँ नीलाभ नभ,
नीला धुआँ उठता जहाँ,
हम जा पहुँचते हैं;
(मगर यह भी नहीं है ठीक से मालूम।)

कल अगर कोई
हमारी डोंगियों को ढूँढ़ना चाहे...
....?

पर जाने क्यों

माना इस बस्ती में धुआँ है,
खाई है,
खन्दक है,
कुआँ है :
पर जाने क्यों ?
कभी कभी धुआँ पीने को भी मन करता है;
खाई-खन्दकों में जीने को भी मन करता है,
यह भी मन करता है–
यहीं कहीं झर जाएँ,
यहीं किसी भूखे को देह-दान कर जाएँ
यहीं किसी नंगे को खाल खींच कर दे दें
प्यासे को रक्त आँख मींच मींच कर दे दें
सब उलीच कर दे दें
यहीं कहीं–!
माना यहाँ धुआँ है
खाई है, खन्दक है, कुआँ है :
पर जाने क्यों ?

इनसे मिलिए
(नख-शिख वर्णन)

पाँवों से सिर तक जैसे एक जनून
बेतरतीबी से बढ़े हुए नाखून
कुछ टेढ़े-मेढ़े बैंगे दाग़िल पांव
जैसे कोई एटम से उजड़ा गाँव
टखने ज्यों मिले हुए रक्खे हों बाँस
पिण्डलियाँ कि जैसे हिलती-डुलती काँस
कुछ ऐसे लगते हैं घुटनों के जोड़
जैसे ऊबड़-खाबड़ राहों के मोड़
गट्टों-सी जंघाएँ निष्प्राण मलीन
कटि, रीतिकाल की सुधियों से भी क्षीण
छाती के नाम महज़ हड्डी दस-बीस
जिस पर गिन चुन कर बाल खड़े इक्कीस
पुट्ठे हों जैसे सूख गए अमरूद
चुकता करते करते जीवन का सूद
बाँहें ढीली ढाली ज्यों टूटी डाल
अँगुलियाँ जैसे सूखी हुई पुआल
छोटी सी गरदन रंग बेहद बदरंग
हरवक़्त पसीने का बदबू का संग
पिचकी अमियों से गाल लटे से कान
आँखें जैसे तरकश के खुट्टल बान
माथे पर चिन्ताओं का एक समूह

भौंहों पर बैठी हरदम यम की रूह
तिनकों से उड़ते रहने वाले बाल
विद्युत परिचालित मखनातीसी चाल
बैठे तो फिर घण्टों जाते हैं बीत
सोचते प्यार की रीत भविष्य अतीत

कितने अजीब हैं इनके भी व्यापार
इनसे मिलिए ये हैं दुष्यन्त कुमार।

माया

दूध के कटोरे सा चाँद उग आया
बालकों सरीखा यह मन ललचाया।
(आह री माया !
इतना कहाँ है मेरे पास सरमाया ?
जीवन गँवाया !)

सन्धिस्थल

साँझ।
दो दिशाओं से
दो गाड़ियाँ आईं
रुकीं।

'यह कौन ?'
देखा कुछ झिझक संकोच से
पर मौन।

'तुमुल कोलाहल भरा यह सन्धिस्थल धन्य !'
दोनों एक दूजे के हृदय की धड़कनों को
सुन रहे थे शान्त,
जैसे ऐन्द्रजालिक-चेतना के लोक में
उद्भ्रान्त।

चल पड़ी फिर ट्रेन।
मुख पर सद्यनिर्मित झुर्रियाँ
स्पष्ट सी हो गयीं दोनों ओर दुख की।
फड़फड़ाते रह गए स्वन पीत अधरों में।
व्यग्र उत्कण्ठा सभी कुछ जानने की,
पूछने की घुट गयी।
आँसू भरी नयनों की अकृत्रिम कोर,

दोनों ओर :
देखा दूर तक चुपचाप, रोके साँस,
लेकिन आ गया व्यवधान बन
सहसा क्षितिज का छोर–
मानव-शक्ति के सीमान का आभास,
और दिन बुझ गया।

प्रेरणा के नाम

तुम्हें याद होगा प्रिय
जब तुमने आँख का इशारा किया था
तब
मैंने हवाओं की बागडोर मोड़ी थीं,
खाक में मिलाया था पहाड़ों को,
शीष पर बनाया था एक नया आसमान,
जल के बहावों को मनचाही गति दी थी...,
किन्तु—वह प्रताप और पौरुष तुम्हारा था—
मेरा तो नहीं था सिर्फ़ !

जैसे बिजली का स्विच दबे
औ' मशीन चल निकले,
वैसे ही मैं था बस,
मूक...विवश...,
कर्मशील इच्छा के सम्मुख
परिचालक थे जिसके तुम।

आज फिर हवाएँ प्रतिकूल चल निकली हैं,
शीष फिर उठाए हैं पहाड़ों ने,
बस्तियों की ओर रुख फिरा है बहावों का,
काला हुआ है व्योम,
किन्तु मैं करूँ तो क्या ?

मन करता है—उठूँ,
दिल बैठ जाता है,
पाँव चलते हैं
गति पास नहीं आती है,
तपती इस धरती पर
लगता है समय बहुत विश्वासघाती है
हौसले, मरीज़ों की तरह छटपटाते हैं,
सपने सफलता के
हाथ से कबूतरों की तरह उड़ जाते हैं
क्योंकि मैं अकेला हूँ
और परिचालक वे अँगुलियाँ नहीं हैं पास
जिनसे स्विच दबे
ज्योति फैले या मशीन चले।

आज ये पहाड़ !
ये बहाव !
ये हवा !
ये गगन !
मुझको ही नहीं सिर्फ़
सबको चुनौती हैं,
उनको भी जगे हैं जो
सोये हुओं को भी—
और प्रिय तुमको भी
तुम जो अब बहुत दूर
बहुत दूर रहकर सताते हो !

नींद ने मेरी तुम्हें व्योम तक खोजा है
दृष्टि ने किया है अवगाहन कण कण में
कविताएँ मेरी बन्दनवार हैं प्रतीक्षा की
अब तुम आ जाओ प्रिय

मेरी प्रतिष्ठा का तुम्हें हवाला है !

परवा नहीं है मुझे ऐसे मुहीमों की
शान्त बैठ जाता बस–देखते रहना
फिर मैं अँधेरे पर ताक़त से वार करूँगा
बहावों के सामने सीना तानूँगा,
आँधी की बागडोर
नामुराद हाथों में सौंपूँगा।
देखते रहना तुम,
मेरे शब्दों ने हार जाना नहीं सीखा
क्योंकि भावना इनकी माँ है,
इन्होंने बकरी का दूध नहीं पिया
ये दिल के उस कोने में जन्मे हैं
जहाँ सिवाय दर्द के और कोई नहीं रहा।

कभी इन्हीं शब्दों ने
ज़िन्दा किया था मुझे
कितनी बढ़ी है इनकी शक्ति
अब देखूँगा
कितने मनुष्यों को और जिला सकते हैं ?

सूचना

कल माँ ने यह कहा—
कि उसकी शादी तय हो गयी कहीं पर,
मैं मुसकाया वहाँ मौन
रो दिया किन्तु कमरे में आकर
जैसे दो दुनिया हों मुझको
मेरा कमरा औ' मेरा घर।

समय

नहीं !
अभी रहने दो !
अभी यह पुकार मत उठाओ !
नगर ऐसे नहीं हैं शून्य ! शब्दहीन !
भूला भटका कोई स्वर
अब भी उठता है—आता है !
निस्वन हवा में तैर जाता है !

रोशनी भी है कहीं ?
मद्धिम सी लौ अभी बुझी नहीं,
नभ में एक तारा टिमटिमाता है !

अभी और सब्र करो !
जल नहीं, रहने दो !
अभी यह पुकार मत उठाओ !
अभी एक बूँद बाक़ी है !
सोतों में पतली सी धार प्रवहमान है !
कहीं कहीं मानसून उड़ते हैं !
और हरियाली भी दिखाई दे जाती है !
ऐसा नहीं है बन्धु !
सब कहीं सूखा हो !

गन्ध नहीं :
शक्ति नहीं :
तप नहीं :
त्याग नहीं :
कुछ नहीं–
न हो बन्धु ! रहने दो
अभी यह पुकार मत उठाओ !
और कष्ट सहो।

फ़सलें यदि पीली हो रही हैं तो होने दो
बच्चे यदि प्यासे रो रहे हैं तो रोने दो
भट्ठी सी धरती की छाती सुलगने दो
मन के अलावों में और आग जगने दो
कार्य का कारण सिर्फ़ इच्छा नहीं होती...!
फल के हेतु कृषक भूमि धूप में निरोता है
हर एक बदली यूँही नहीं बरस जाती है !
बल्कि समय होता है !

आँधी और आग

अब तक ग्रह कुछ बिगड़े-बिगड़े से थे इस मंगल-तारे पर
नयी सुबह की नयी रोशनी हावी होगी अँधियारे पर
उलझ गया था कहीं हवा का आँचल जो अब छूट गया है
एक परत से ज़्यादा राख नहीं है युग के अंगारे पर।

अनुभव-दान

"खँडहरों सी भावशून्य आँखें
नभ से किसी नियन्ता की बाट जोहती हैं।
बीमार बच्चों से सपने उचाट हैं;
टूटी हुई ज़िन्दगी
आँगन में दीवार से पीठ लगाए खड़ी है;
कटी हुई पतंगों से हम सब
छत की मुँडेरों पर पड़े हैं।"

बस ! बस !! बहुत सुन लिया है।
नया नहीं है ये सब मैंने भी किया है !
अब वे दिन चले गए,
बालबुद्धि के वे कच्चे दिन भले गये !
आज हँसी आती है !

व्यक्ति को आँखों में
क़ैद कर लेने की आदत पर,
रूप को बाँहों में भर लेने की कल्पना पर,
हँसने-रोने की रातों पर,
पिछली बातों पर,
आज हँसी आती है !

तुम सबकी ऐसी बातें सुनने पर,

रुई के तकियों में सिर धुनने पर,
अपने हृदयों को भग्न घोषित कर देने की आदत पर,
गीतों से कापियाँ भर देने की आदत पर,
आज हँसी आती है !

इस सबसे दर्द अगर मिटता
तो रुई का भाव तेज़ हो जाता।
तकियों के गिलाफ़ों को कपड़े नहीं मिलते।
भग्न-हृदयों की दवा दर्जी सिलते।
गीतों से गलियाँ ठस जातीं।

लेकिन,
कहाँ वह उदासी अभी मिट पाई !
गलियों में सूनापन अब भी पहरा देता है,
पर अभी वह घड़ी कहाँ आई !

चाँद को देखकर काँपो
तारों से घबराओ
भला कहीं यूँ भी दर्द घटता है !
मन की कमज़ोरी में बहकर
खड़े खड़े गिर जाओ
खुली हवा में न आओ
भला कहीं यूँ भी पथ कटता है !

झुकी हुई पीठ,
टूटी हुई बाँहों वाले बालक-बालिकाओ सुनो !
खुली हवा में खेलो।
चाँद को चमकने दो, हँसने दो।

देखो तो

ज्योति के धब्बों को मिलाती हुई
रेखा आ रही है,
कलियों में नये नये रंग खिल रहे हैं,
भौंरों ने नये गीत छेड़े हैं,
आज बाग-बागीचे, गलियाँ ख़ूबसूरत हैं।
उठो तुम भी
हँसी की क़ीमत पहचानो
हवाएँ निराश न लौटें।

उदास बालक-बालिकाओ सुनो !
समय के सामने सीना तानो,
झुकी हुई पीठ
टूटी हुई बाँहों वाले बालको आओ
मेरी बात मानो।

उबाल

गाओ...!
काई किनारे से लग जाए
अपने अस्तित्व की शुद्ध चेतना जग जाए
जल में
ऐसा उबाल लाओ...!

सत्य बतलाना

सत्य बतलाना
तुमने उन्हें क्यों नहीं रोका ?
क्यों नहीं बताई राह ?

क्या उनका किसी देशद्रोही से वादा था ?
क्या उनकी आँखों में घृणा का इरादा था ?
क्या उनके माथे पर द्वेष-भाव ज़्यादा था ?
क्या उनमें कोई ऐसा था जो कायर हो ?

या उनके फटे वस्त्र तुमको भरमा गए ?
पाँवों की बिवाई से तुम धोखा खा गए ?
जो उनको ऐसा ग़लत रास्ता सुझा गए !
जो वे खता खा गए।
सत्य बतलाना तुमने, उन्हें क्यों नहीं रोका ?
क्यों नहीं बताई राह ?
वे जो हमसे पहले इन राहों पर आए थे,
वे जो पसीने से दूध से नहाए थे,
वे जो सचाई का झण्डा उठाए थे,
वे जो लौटे तो पराजित कहाए थे,
क्या वे पराए थे ?
सत्य बतलाना तुमने उन्हें क्यों नहीं रोका ?
क्यों नहीं बताई राह ?

तीन दोस्त

सब बियावान, सुनसान अँधेरी राहों में
खन्दकों ख़ाइयों में
रेगिस्तानों में, चीख कराहों में
उजड़ी गलियों में
थकी हुई सड़कों में, टूटी बाँहों में
हर गिर जाने की जगह
बिखर जाने की आशंकाओं में
लोहे की सख़्त शिलाओं से
दृढ़ औ' गतिमय
हम तीन दोस्त
रोशनी जगाते हुए अँधेरी राहों पर
संगीत बिछाते हुए उदास कराहों पर
प्रेरणा-स्नेह उन निर्बल टूटी बाँहों पर
विजयी होने को सारी आशंकाओं पर
पगडण्डी गढ़ते
आगे बढ़ते जाते हैं
हम तीन दोस्त पाँवों में गति-सत्वर बाँधे
आँखों में मंज़िल का विश्वास अमर बाँधे।

× × ×

हम तीन दोस्त
आत्मा के जैसे तीन रूप,
अविभाज्य–भिन्न।

ठण्डी, सम, अथवा गर्म धूप—
ये त्रय प्रतीक
जीवन जीवन का स्तर भेदकर
एकरूपता को सटीक कर देते हैं।
हम झुकते हैं
रुकते हैं चुकते हैं लेकिन
हर हालत में उत्तर पर उत्तर देते हैं।
× × ×
हम बन्द पड़े तालों से डरते नहीं कभी
असफलताओं पर गुस्सा करते नहीं कभी
लेकिन विपदाओं में घिर जाने वालों को
आधे पथ से वापस फिर जाने वालों को
हम अपना यौवन अपनी बाँहें देते हैं
हम अपनी साँसें और निगाहें देते हैं
देखें—जो तम के अन्धड़ में घिर जाते हैं
वे सबसे पहले दिन के दर्शन पाते हैं।
देखें—जिनकी क़िस्मत पर क़िस्मत रोती है
मंज़िल भी आखिरकार उन्हीं की होती है।
× × ×
जिस जगह भूलकर गीत न आया करते हैं
उस जगह बैठ हम तीनों गाया करते हैं
देने के लिए सहारा गिनने वालों को
सूने पथ पर आवारा फिरने वालों को
हम अपने शब्दों में समझाया करते हैं
स्वर-संकेतों से उन्हें बताया करते हैं—
'तुम आज अगर रोते हो तो कल गा लोगे
तुम बोझ उठाते हो, तूफ़ान उठा लोगे
पहचानो धरती करवट बदला करती है
देखो कि तुम्हारे पाँव तले भी धरती है।'
× × ×

हम तीन दोस्त इस धरती के संरक्षण में
हम तीन दोस्त जीवित मिट्टी के कण कण में
हर उस पथ पर मौजूद जहाँ पग चलते हैं
तम भाग रहा दे पीठ दीप-नव जलते हैं
आँसू केवल हमदर्दी में ही ढलते हैं
सपने अनगिन निर्माण लिए ही पलते हैं।

× × ×

हम हर उस जगह जहाँ पर मानव रोता है
अत्याचारों का नंगा नर्तन होता है
आस्तीनों को ऊपर कर निज मुट्ठी ताने
बेधड़क चले जाते हैं लड़ने मर जाने
हम जो दरार पड़ चुकी साँस से सीते हैं
हम मानवता के लिए ज़िन्दगी जीते हैं।

× × ×

ये बाग़ बजुर्गों ने आँसू औ' श्रम देकर
पाले मे रक्षा कर पाला है ग़म देकर
हर साल कोई इसकी भी फ़सलें ले ख़रीद
कोई लकड़ी, कोई पत्तों का हो मुरीद
किस तरह गवारा हो सकता है यह हमको
ये फ़सल नहीं बिक सकती है निश्चय समझो।
...हम देख रहे हैं चिड़ियों की लोलुप पाँखें
इस ओर लगीं बच्चों की वे अनगिन आँखें
जिनको रस अब तक मिला नहीं है एक बार
जिनका बस अब तक चला नहीं है एक बार
हम उनको कभी निराश नहीं होने देंगे
जो होता आया अब न कभी होने देंगे।

× × ×

ओ नई चेतना की प्रतिमाओ, धीर धरो
दिन दूर नहीं है वह कि लक्ष्य तक पहुँचेंगे
स्वर भू से लेकर आसमान तक गूँजेगा

सूखी गलियों में रस के सोते फूटेंगे।

× × ×

हम अपने लाल रक्त को पिघला रहे और
यह लाली धीरे धीरे बढ़ती जाएगी
मानव की मूर्ति अभी निर्मित जो कालिख से
इस लाली की परतों में मढ़ती जाएगी
यह मौन
शीघ्र ही टूटेगा
जो उबल उबल सा पड़ता है मन के भीतर
वह फूटेगा,
आता ही निशि के बाद
सुबह का गायक है,
तुम अपनी सब सुन्दर अनुभूति सँजो रक्खो
वह बीज उगेगा ही
जो उगने लायक़ है।

× × ×

हम तीन बीज
उगने के लिए पड़े हैं हर चौराहे पर
जाने कब वर्षा हो कब अंकुर फूट पड़े,
हम तीन दोस्त घुटते हैं केवल इसीलिए
इस ऊब घुटन से जाने कब सुर फूट पड़े।

उसे क्या कहूँ

किन्तु जो तिमिर-पान
औ' ज्योति-दान
करता करता बह गया
उसे क्या कहूँ
कि वह सस्पन्द नहीं था ?

और जो मन की मूक कराह
ज़ख्म की आह
कठिन निर्वाह
व्यक्त करता करता रह गया
उसे क्या कहूँ
गीत का छन्द नहीं था ?

पगों की संज्ञा में है
गति का दृढ़ आभास
किन्तु जो कभी नहीं चल सका
दीप सा कभी नहीं जल सका
कि यूँही खड़ा खड़ा ढह गया
उसे क्या कहूँ
जेल में बन्द नहीं था ?

सत्यान्वेषी

फेनिल आवर्तों के मध्य
अजगरों से घिरा हुआ
विष-बुझी फुंकारें
सुनता-सहता,
अगम, नीलवर्णी,
इस जल के कालियादह में
दहता,
सुनो, कृष्ण हूँ मैं,
भूल से साथियों ने
इधर फेंक दी थी जो गेंद,
उसे लेने आया हूँ
    (आया था
    आऊँगा)
लेकर ही जाऊँगा !

नयी पीढ़ी का गीत

जो मरुस्थल आज अश्रु भिगो रहे हैं,
भावना के बीज जिस पर बो रहे हैं,
सिर्फ़ मृग-छलना नहीं वह चमचमाती रेत !

क्या हुआ जो युग हमारे आगमन पर मौन ?
सूर्य की पहली किरण पहचानता है कौन ?
अर्थ कल लेंगे हमारे आज के संकेत।

तुम न मानो शब्द कोई है न नामुमकिन
कल उगेंगे चाँद-तारे, कल उगेगा दिन,
कल फ़सल देंगे समय को, यही 'बंजर खेत'।

सूर्य का स्वागत

आँगन में काई है,
दीवारें चिकनी हैं, काली हैं,
धूप से चढ़ा नहीं जाता है,
ओ भाई सूरज ! मैं क्या करूँ ?
मेरा नसीबा ही ऐसा है !

खुली हुई खिड़की देखकर
तुम तो चले आए,
पर मैं अँधेरे का आदी,
अकर्मण्य...निराश...
तुम्हारे आने का खो चुका था विश्वास।

पर तुम आए हो—स्वागत है !
स्वागत !...घर की इन काली दीवारों पर !
और कहाँ ?
हाँ, मेरे बच्चे ने
खेल खेल में ही यहाँ काई खुरच दी थी
आओ—यहाँ बैठो,
और मुझे मेरे अभद्र सत्कार के लिए क्षमा करो।
देखो ! मेरा बच्चा
तुम्हारा स्वागत करना सीख रहा है।

□□□